CONSEIL MUNICIPAL DE SAINT-DENIS

SESSION EXTRAORDINAIRE

Vote du 21 Février

PAR

VICTOR GRENIER

—o—

Prix : 1 franc 25

Typ. P. Grenier, Saint-Denis, (Réunion)

1878

LE VOTE DU 21 FÉVRIER.

Le Conseil de commune de Saint-Denis s'est réuni en session extraordinaire, le 31 février dernier, à l'effet de délibérer sur une communication relative au projet de créer un port dans a rade de Saint-Denis. Cette délibération a eu pour résultat un vote extraordinaire qu'il est nécessaire de commenter, d'analyser, et d'examiner sur toutes les coutures. C'est ce que nous nous proposons de faire dans l'opuscule que nous offrons aujourd'hui à nos lecteurs.

Je vous l'avais bien dit ! Notre petit ingénieur communal de Saint-Denis est loin d'être un imbécile : ce petit bout d'homme est au contraire d'une habileté remarquable, et il faut reconnaître qu'il a beaucoup plus d'esprit qu'il n'est gros. Le voila parti, et voguant vers les rives de France, pour aller voir « aux frais de la princesse » la grande exposition universelle de Paris, dont l'ouverture est fixée pour le premier mai prochain, et qui aura lieu à cette date, à moins que M. Emile Bellier, propriétaire de l'habitation appelée « La Révolution », ne donne contre-ordre, et ne se mette à prêcher une abstention spéciale et très cocasse, pour prouver que Monseigneur

Soulé, évêque de Saint-Denis, a manqué de respect à la République en invitant les fidèles de son diocèse à un service religieux de commémoration de la mort du Saint Père. Comment donc un évêque peut-il se permettre de faire une lettre pastorale qui ne soit pas dans les vues des républicains, radicaux, libres penseurs et autres démocrates de l'endroit, apôtres des grands principes de 89 et de 93 devant qui il est juste de s'agenouiller respectueusement ? — En vérité, cela doit paraître scandaleux à tout le monde, et M. Emile Bellier a bien raison de venir reprimander vertement son évêque, au nom de ces idées libérales dont il sera, lui M. Emile Bellier de la Révolution, le grand prêtre, après la mort de son papa, quand celui-ci lui aura légué sa grande culotte, comme le prophète Elie a légué son manteau à son successeur le prophète Elisée, au moment où le dieu d'Abraham, d'Isaac et de Jacob, ADONAÏ-JEHOVA-SABAOTH, l'a fait emporter dans le ciel sur le char de feu. Il arrivera sans doute semblable chose au patriarche du Bois-Rouge, qui est déjà, dit-on, rendu dans les nuages.

Laissons de côté les citoyens Bellier père et fils, et revenons à nos moutons, c'est-à-dire à M. Camille Jacob de Cordemoy et au vote du Conseil de Commune de Saint-Denis. Nos man-

dataires municipaux ont jugé dans leur sagesse
et dans leur patriotisme, qu'il était bon d'accorder à l'ingénieur communal un congé de cinq
mois avec solde entière, plus une indemnité de
voyage de huit mille francs pour lui permettre
de se rendre en France, avec le mandat officiel de
la Commune, de s'occuper de la question du port
de Saint-Denis, sans toutefois pouvoir engager
autrement les finances de la ville. Il n'aurait pas
manqué plus que cela !

Mais le vote est déjà très bien comme il se
soit et comporte ! Huit mille francs de subven-
tion et trois mille francs de solde pour cinq mois,
cela fait onze mille francs : un joli denier pour
aller voir l'exposition à Paris. Cela n'est pas bête
du tout. Pour M. Jacob, cela s'entend. Nous le
félicitons bien sincèrement d'avoir trouvé un
choix de conseillers municipaux capables de pro-
duire un tel vote. Et pour un peu, la partie était
complète : M. Camille Jacob expédié par la Commune, partait avec son frère Bénédict, employé à
la direction de l'Intérieur, lequel demandait un
congé pour cause de convalescence ; mais la commission de santé n'a pas jugé, que le dessein
louable d'accompagner un frère à l'exposition
universelle de Paris, dût être considéré comme
une maladie suffisante, pour motiver un voyage
en France, aux frais du Trésor local. C'est bien
fâcheux : Camille est parti seul, nous aurions

voulu voir les deux frères exécuter ensemble ce
voyage d'agrément, pendant lequel ils auraient
trouvé bien certainement l'occasion de s'instrui-
re et de s'amuser.

Mais les membres du conseil de commune de
Saint-Denis qui ont voté une somme relativement considérable en faveur de M. Camille Jacob, ont pensé probablement qu'ils faisaient
quelque chose d'utile à la communauté, en dis-
posant ainsi de l'argent des contribuables. C'est
ce que nous allons examiner immédiatement.

Il faut prendre les choses d'un peu loin, et
commencer par le commencement. Nous savons
que M. Camille Jacob de Cordemoy est d'une activité dévorante. C'est évidemment l'homme le
plus occupé de Saint-Denis : il est ingénieur
communal, ce qui motive à chaque instant sa
présence dans les quatre coins de la ville : il est
continuellement en conférence avec le maire sur
toutes les questions qui intéressent la municipalité de Saint-Denis. Cela ne l'empêche pas d'être
membre de la Société des Sciences et Arts, membre et secrétaire de la Chambre d'Agriculture ,
membre d'ici, membre de là ! M. Camille Jacob est
partout : il est au Camp-Ozoux où il fait des
roues hydrauliques, il est à la mairie où il fait des
bacheliers; il est collaborateur de plusieurs journaux de Saint-Denis auxquels il fournit con-

tinuellement des articles. Avec tout cela M. Camille Jacob a voulu être membre du conseil général, et il a été membre et même secrétaire du Conseil général.

Mais pour arriver à cette dernière position, il fallait asseoir sa popularité sur les larges assises du suffrage universel. Ce beau suffrage universel ! On lui fait quelquefois avaler des canards qui sont réellement d'une étonnante dimension. Le canard présenté aux électeurs par le citoyen Camille Jacob, fut tout bêtement le port dans la rade de Saint-Denis. — C'était dur à cuire.

Ce qui était surtout difficile à digérer, c'était la possibilité de revenir sur ce qui avait été fait á propos de la question de la création d'un port dans la colonie. Après plus d'un demi siècle d'efforts, on était parvenu à obtenir l'attache de l'administration et la garantie de l'Etat, pour la construction d'un port à la Pointe des Galets. Il avait fallu pour cela démontrer dans la Colonie et dans la Métropole, que le port était possible dans cette localité, cette démonstration avait été faite par de nombreuses études vérifiées par la commission des travaux nautiques. Le ministère de la Marine, celui des finances, la Chambre des députés et le Sénat, tous les pouvoirs de l'Etat avaient été saisis de la question, et nous avions obtenu enfin une solution définitive et avantageuse : nous avions le port ; il fallait revenir sur tout cela, et aller dire au parlement français, au gouvernement, et à tous les pouvoirs compétents, qu'on avait mal vu, qu'on s'était trompé, que la Pointe des Galets ne pouvait pas servir à l'emplacement d'un port, et que c'est Saint-Denis qu'il fallait prendre. En vérité, c'était un peu raide.

Mais il n'y a rien de trop raide pour ce bon suffrage universel, tel qu'il se suit et comporte dans notre heureuse colonie modèle. M. Camille Jacob à l'aide du « Moniteur » d'une part, et du « Journal du Commerce » d'autre part, deux organes de la publicité locale, où il pouvait faire insérer des articles de son crû, vint faire soutenir contre ce que ces journaux avaient eux-mêmes affirmé autrefois, qu'il fallait faire le port à Saint-Deniss et que le projet de la Pointe des Galets n'avait pas l'ombre du sens commun. Les électeurs approuvèrent, et M. Camille Jacob fut nommé membre du Conseil général, à la grande satisfaction des ouvriers de Saint-Denis tels que tailleurs, bottiers, imprimeurs et autres habitants du Camp Ozoux, à qui on avait promis beaucoup d'ouvrage dans les travaux du port de la rade de Saint-Denis.

Des gens sérieux qui avaient assisté à tout cela, pensaient naturellement qu'après avoir atteint son but, qui était celui d'entrer dans la première assemblée du pays, M. Jacob ne penserait plus à son fameux projet d'édifier un port dans la rade de Saint-Denis. Il en eut probablement été ainsi, s'il ne s'était pas rencontré au sein du Conseil de commune, plusieurs conseillers qui ont, ou croient avoir un intérêt personnel contraire à la création d'un port quelconque dans la colonie. Ces conseillers tout le monde les connaît, ils sont remuants, et ils sont parvenus, en dépit de toutes les règles du sens commun, à se faire une majorité dans le sein du conseil municipal de Saint-Denis. Ils n'ont pas manqué nécessairement de s'adjoindre l'ingénieur communal avec le Maire et ses adhérents, qui soutiennent de bonne foi, la possibilité et la nécessité de faire le port à Saint-Denis. Eux, ils savent très bien que le port n'est pas possible, ni utile à Saint-Denis, mais ils se déclarent les partisans de M. Jacob et de son projet, dans l'espoir de voir remettre tout en question dans la question du port, ce qui renverrait aux calendes grecques la création que la colonie désire depuis si longtemps,

Chose étrange, et qu'il est bon de faire connaître au grand jour ! il y a des gens qui sous le masque du patriotisme et au nom de l'intérêt général, ne craignent pas de poursuivre contre l'intérêt général de la colonie, la campagne la

plus anti-patriotique que l'on puisse imaginer.
Il faut lever les masques, il faut donner les
noms de tous ces conseillers qui votent dans le
conseil de commune pour ou contre ces propositions relatives au port de Saint-Denis, et qui
n'ont d'autre but que celui de repousser la création d'un port quelconque à la Réunion, quelque
soit l'endroit, d'ailleurs, ou le port pourrait
être construit, car partout il serait contraire aux
intérêts des propriétaires des établissements de
marine.

Le port à Saint-Denis, allons donc ! C'est ce-
lui-là surtout qu'il ne faudrait pas faire, et quand
on vient nous dire qu'on veut le port à Saint-
Denis, dans l'intérêt de notre ville, que l'on
craint de voir décapitalisée, vraiment nous nous
demandons avec étonnement s'il est permis d'a-
buser ainsi de la crédulité publique, dans le but
de sauvegarder un misérable intérêt personnel.

Oui le port à la Pointe des Galets, mais surtout le port à Saint-Denis, porterait un coup
mortel aux intérêts des établissements de marine
de Saint-Denis ; mais cet inconvénient doit-il
être pris en sérieuse considération quand il s'a-
git de la création d'un port à Bourbon, création
qu'on réclame depuis si longtemps au nom de
l'humanité, et au nom de la prospérité commer-
ciale de la colonie tout entière ? D'ailleurs,

quand il s'est agi de la demande de concession des terrains nécessaires au chemin de fer, les propriétaires des établissements de marine n'ont-ils pas obtenu une clause d'indemnité à leur profit ? — Ils seront donc indemnisés, que demandent-ils ? — Ah ! c'est que peut-être cette indemnité qui reviendrait à leurs créanciers n'est pas de nature à les satisfaire personnellement à un certain point de vue : alors que voulez-vous? Faut-il renoncer à la création du port parce que cela forcerait deux ou trois personnes à se chercher un moyen quelconque d'occuper leur activité ?

Avant de nous occuper du vote du 21 février qui fera l'objet de notre présent opuscule, il est nécessaire de faire connaître quels sont les arguments que les adversaires du port de la Pointe des Galets font valoir en faveur de leur projet de port à Saint-Denis, et même, nous pouvons le dire, en faveur de l'opinion qu'ils n'osent pas émettre ouvertement, de repousser toute espèce de création de port dans la colonie.

Au point de vue technique, ces messieurs prétendent que l'emplacement de la Pointe des Galets est mal choisi pour la création d'un port. Ils disent que le terrain n'a pas été convenablement étudié ; qu'il pourra présenter de sérieuses difficultés pour le creusement du port ; qu'il faudra faire des jetées non-prévues par des fonds impossibles, et autres plaisanteries de même farine.

A tout cela on répond d'une manière victorieuse, que les études les plus complètes et les plus sérieuses ont été faites, pas une fois mais plusieurs fois sur l'emplacement du port ; que ces études ont été contrôlées, revues, corrigées et augmentées par M. l'ingénieur Blondel, envoyé spécialement par M. Lavalley pour procéder à une dernière vérification dans la colonie ; que ces études ont été soumises en France à toutes les commissions de travaux publics, aux hommes les plus compétents dans la matière ; qu'elles ont été présentées avec l'autorité indiscutable de M. Lavalley et toutes les herbes de la Saint-Jean au ministre de la marine, au ministre des finances, puis à la Chambre des députés et au sénat, qui ont voté probablement en connaissance de cause la garantie demandée à l'État par les concessionnaires des travaux projetés ; qu'en fin de compte, après avoir passé par toutes les filières que nous avons énumérées plus haut, la compagnie concessionnaire a expédié dans la colonie des ingénieurs compétents chargés d'exécuter les travaux, et qui viennent déclarer qu'il est à peu près aussi facile de construire un port à la Pointe des Galets, que de creuser un bassin au milieu d'un de nos jardins. Voilà pour les difficultés techniques soulevées par les amateurs du port de Saint-Denis. Voilà pour répondre à leurs allégations, qu'on n'a pas fait d'études suffisantes à la Pointe des Galets.

Passons à un autre point. Les adversaires du port de la Pointe des Galets soutiennent, que la création de ce port aura pour conséquence la ruine de Saint-Denis, et peut-être de la colonie tout entière. La perte pour notre ville qui sera décapitalisée est estimée à la petite somme de deux cents millions. C'est le prix de nos immeubles qui seront supprimés, comblés, anéantis, dès qu'on apprendra qu'un navire est entré dans les eaux du port de la Pointe des Galets, c'est tout simple, puisque la capitale sera transportée dans les piquants blancs de la Possession. Ce résultat attriste profondément le « Journal du Commerce » et fait verser des larmes amères au brillant rédacteur du « Moniteur ». Consolez-vous vaillants organes de la presse locale, Saint-Denis restera la capitale de la colonie, vous ne serez pas obligés de transporter vos bureaux de rédaction au milieu des galets qui servent actuellement de gîte aux lièvres de la Pointe. Le véritable port de Saint-Denis est celui qu'on creusera à la Pointe des Galets, vous pourrez vous y rendre par le chemin de fer en moins de douze minutes, c'est moins long que le temps que vous mettez actuellement pour aller au Butor, à la marine Richard.

Consolez-vous, Saint-Denis restera la capitale de la colonie avec ses belles maisons, qui sont pour la plupart de véritables hôtels, avec ses bâtiments d'utilité publique, qui feraient l'orgueil d'une ville de second ordre dans la métropole. Nous l'avons déjà dit, Saint-Denis ne sera pas plus annihilé par la Pointe des Galets, que Nantes ne l'a été par la construction du port de St-Nazaire. D'ici à l'accomplissement d'un siècle on ne verra guère à la Pointe des Galets après l'achèvement du port que des docks pour recevoir les marchandises et quelques constructions insignifiantes qui serviront à l'établissement d'une boutique, d'une auberge à matelots et de cinq ou six cantines ou guinguettes qui débiteront du rhum et du gros bleu.

Voilà pour ce qui concerne la décapitalisation de la ville de Saint-Denis. Non ! les causes de ruine et les dangers qui menacent la capitale actuelle de notre colonie n'existent, s'ils existent, que dans l'imagination des détracteurs du port de la Pointe des Galets, c'est-à-dire, du seul port possible et utile dans la colonie.

A la Pointe des Galets le négociant de Saint-Denis aura un port où il pourra se rendre en 12 minutes, il n'a pas besoin d'en désirer un qui soit plus rapproché de lui, à moins qu'il ne le veuille dans son cabinet même ou dans son chapeau.

Avec le port de la Pointe des Galets et le chemin de fer pour centraliser le mouvement com-
mercial de la colonie, la ville de Saint-Denis de-
viendra réellement le centre de toutes nos affai-
res, ce qui n'existerait pas dans le cas où le port
se ferait dans la rade de Saint-Denis, sans chemin de fer.

Sans le chemin de fer vous pouvez faire le
port à Saint-Denis, et il sera à peu près inutile
au mouvement de notre commerce : les navires
refuseront d'y entrer, puisqu'ils seront toujours
obligés d'en sortir pour aller chercher leur
chargement sur toutes les rades de la colonie. Il
ne faut pas compter sur une centralisation par le
petit cabotage; cela coûterait trop cher. Vous
auriez donc un port inutile.

Mais a-t-on bien pensé à la possibilité de faire
ce port dans la rade de Saint-Denis. C'est l'an-
cienne idée de Labourdonnais, reprise par le ba-
ron Milius, M. Camille Jacob n'a rien inventé à
cet égard, mais ne savons nous pas que cette idée
a été combattue et repoussée par la plupart des
ingénieurs qui sont venus de la métropole pour
étudier la question du port dans la colonie? Tout
dernièrement, nous avons eu le rapport de M.
Morlière qui déclare que Saint-Denis serait le
meilleur emplacement à choisir pour la création
d'un port, à cause de l'importance de la ville,

mais il ajoute, que la chose est impossible à cause de l'apport des galets.

— Il n'y a pas de galets, dites-vous, ou plutôt, il n'y en a plus depuis que M. Camille Jacob a démontré qu'ils ne doivent plus exister sur
la plage de Saint-Denis, cependant nous voyons
toujours la passe du barachois encombrée d'une
masse énorme de galets, à la suite de chaque
ras-de-marée. Mais laissons de côté les amas de
galets, et demandons-nous si un port en pleine
mer, exposé à tous les vents, et sans aucun abri
possible, offrirait bien aux navires une protection
suffisante pendant le passage des terribles cy-
clones qui visitent si souvent nos côtes. Vous
dites oui ; mais M. de Mahy a soutenu le contraire à la tribune de la chambre des députés,
en présence de savants et de marins compétents
dans la matière, et personne ne s'est levé pour
le contredire. — Tout cela nous permettrait de
croire que la possibilité de construire le port à
Saint-Denis n'est pas tout-à-fait démontrée. Nous
avons dit plus haut que ce port à Saint-Denis,
sans l'annexe du chemin de fer serait une création à peu près inutile.

Mais il y a mieux! C'est que si pour mettre en
question le port de Saint-Denis, il était possible
de revenir sur le vote qui accorde la garantie de
l'Etat pour la création de la Pointe des Galets,

il y a cent contre un à parier que nous n'aurions jamais de port, parce que, avec tout ce qui a été dit et fait jusqu'à présent, le parlement ne voterait certainement pas la garantie de l'Etat pour le port de Saint-Denis, dont le projet a été englouti depuis 1829 avec la fameuse jetée Milius, dont nous voyons encore les traces dans notre barachois. Heureusement la chose n'est pas possible ! La société pour la création du port et du chemin de fer est irrévocablement constituée, M. Lavalley et le parlement ne peuvent plus rien modifier en présence de l'intérêt des tiers qu'il faut désormais respecter.

Voilà l'état de la question, et c'est en présence d'une position semblable que quelques propriétaires d'établissements de marine à Saint-Denis ont la singulière idée de venir s'opposer à une création que la colonie attend avec la plus légitime impatience. Et ils se trouvent des journaux assez naïfs pour vanter le patriotisme, le mot a été dit, de ceux qui, dans un intérêt personnel, égoïste et mesquin, cherchent à s'opposer à l'entreprise la plus utile et la plus grande que l'on puisse tenter dans l'intérêt général de la colonie tout entière.

C'est au conseil de commune de S   nis que cette opposition extraordinair   est élev
Il y a eu d'abord le vote d'un   n, offert e

cadeau à celui qui ferait le port de Saint-Denis.
— Ce premier vote platonique ne tire pas à conséquence et donne tout simplement la mesure
de ceux qui l'ont émis.

Il y a eu un second vote de 40 mille francs
mis à la disposition du maire pour faire venir de
France un ingénieur chargé d'étudier la possibilité du port à Saint-Denis. Ceci est plus sérieux,
car les finances de la commune se trouvent ainsi
engagées, et voilà quarante mille francs qu'il faudra demander aux pauvres contribuables déjà ac
cablés de tant de charges.

Enfin il y a un troisième vote, c'est celui de
huit mille francs accordés à M. Camille Jacob de
Cordemoy pour se rendre en France et s'occuper avec l'attache de la Commune, de la question du Port de Saint-Denis. C'est ce dernier
vote que nous nous proposons d'analyser aujourd'hui.

Le conseil municipal de Saint-Denis s'est
réuni en session extraordinaire, le 21 février
dernier, à l'effet de délibérer sur une communication faite par l'ingénieur communal à propos de la question du port de Saint-Denis. C'est
le motif donné par le maire dans ses lettres de
convocation.

Le journal le « Moniteur » a donné dans

son numéro du mercredi, 13 mars courant, le compte-rendu analytique de cette séance du 21 janvier, dont nous ferons connaître les principales parties á nos lecteurs.

La séance est ouverte à 3 heures de relevée, sous la présidence de M. le maire. Il a été procédé immédiatement à [la nomination d'un secrétaire pour la session. M. Ropert a été désigné á l'unanimité pour occuper cette fonction. On a passé ensuite à l'appel nominal.

Sont présents :

MM. Le Siner,
     Bédier,
     Morau,
     Loupy,
     Cauvin,
     Gi onet,
     R. de Lescouble,
     Crémazy,
     Buroleau,
     Azéma,
     Cologon,
     de Jouvancourt,
     Rat,
     Ropert,
     Droubet,
     Tandrya.

En tout 16 conseillers présents.

Absents excusés :

MM. Simon,
Legras,
Reydellet,
Beaumevielle.

Absent non excusé :

M. Lakermance.

Il s'agit ici de M. François Lakermance qui depuis son procès n'a pas mis les pieds au conseil. On comprend cette abstention de sa part ; mais pourquoi M. François Lakermance ne donne-t-il pas sa démission. Ce serait beaucoup plus correct.

M. le maire a ouvert la séance par un speach bien senti dans lequel il a fait connaître le but de la réunion du conseil.

Il s'agit de délibérer sur une lettre adressée au maire par l'ingénieur communal. Voici cette lettre dans sa forme et teneur :

Hôtel-de-Ville, le 18 février 1878.

Monsieur le Maire de Saint-Denis.

Monsieur le Maire,

Voilà un an que s'agite la question du Port de

Saint-Denis, et depuis ce temps un grand résultat a été acquis. L'expérience a démontré ce que j'affirmais alors, en me fondant uniquement sur la théorie : on ne peut plus douter de l'inanité de la prétendue marche de quantités considérables de galets sur notre rivage. Ce résultat, je le répète, est immense. Voilà détruite la seule raison qui ait fait repousser l'idée d'un port à Saint-Denis. N'est-il pas, dès lors, commandé par la logique de revenir aux conclusions de M. Morlière qui disait, avec tant de raison que, n'était la marche des galets, Saint-Denis était évidemment le point désigné pour construire un bassin?

Tout ce que nous pouvons faire dans la Colonie a été fait ; le conseil municipal a bien voulu appuyer de ses votes l'œuvre qu'il a considérée comme l'intérêt majeur de la ville. Mais aujourd'hui nous ne pouvons plus rien ici.

La demande de concession du domaine maritime elle-même se heurte aux réserves de l'administration qui se retranche derrière le ministère. Or, n'est-il pas à craindre que la métropole, mal renseignée, ne voie dans l'entreprise du port de Saint-Denis une concurrence faite à celle qu'elle a subventionnée, tandis qu'au contraire cette création peut seule rendre réellement nominale la garantie accordée par le Trésor ?

Comment, d'ailleurs, entreprendre de si loin

les démarches multiples nécessitées par notre œu
vre ? Il est impossible d'y songer.

Dans ces conjonctures, quelques partisans du
Port de Saint-Denis ont jugé nécessaire ma présence à Paris, pour poursuivre l'entreprise com-
mencée ici, et ils ont bien voulu mettre à ma disposition les ressources nécessaires.

Je ne me dissimule pas la gravité et les difficultés de la mission qu'on veut me confier ;
j'en prévois aussi les fatigues et les ennuis. Mais
il est certain que la question se précise parfaitement : on ne peut plus rien à Bourbon, on peut
encore beaucoup à Paris. Il ne m'est donc pas
permis d'hésiter. Nous ne pouvons abandonner
tant de travaux et d'efforts commencés, sans tenter les dernières, mais aussi les plus importan-
tes chances qui nous restent.

J'ai l'honneur, en conséquence, Monsieur le
Maire, de solliciter de vous un congé pour me
rendre en France. Mais je n'en userai que si le
conseil municipal trouve qu'il y a réellement nécessité à ce voyage, et s'il m'autorise à me présenter en son nom auprès des personnes que je
devrai voir pour la question du port. Le conseil
a toujours encouragé nos efforts ; et je n'ai puisé
que dans son appui l'énergie nécessaire pour
suivre l'œuvre si difficile à laquelle j'ai voué

mon existence. Je n'entends que continuer à être
l'agent de ses patriotiques décisions, et je vous
serai obligé, Monsieur le Maire, de lui demander
pour moi l'honneur que je sollicite.

Je suis avec respect, Monsieur le Maire,
Votre dévoué serviteur,

C. JACOB DE CORDEMOY.

Après la lecture de cette lettre, faite d'une
voix douce et sympathique, le cher docteur Sucre
D'orge, déclare au conseil avec une simplicité
charmante, qu'il ignore quelles sont les personnes qui ont pu mettre à la disposition de l'ingénieur les fonds nécessaires pour payer son passage en France.

Non, parole d'honneur! il ne peut pas dire
quels sont les grands patriotes qui ont consenti
à déposer leurs bourses sur l'autel de la patrie,
pour payer les frais de ce merveilleux voyage.
C'est un secret qu'il n'a pas pu pénétrer.

Nous croyons sans peine que M. le Maire de
Saint-Denis ignore les noms de ces prétendus
partisans du port de Saint-Denis, il est en effet
probable qu'ils n'existent pas dans la nature, et
que leur intervention dans l'affaire n'est autre
chose qu'une blague inventée pour amener le
dénouement de la comédie dont nous ferons connaître tout à l'heure le résultat final.

Mais à quoi bon se donner tant de mal ? Pourquoi M. le Maire de Saint-Denis cherche-il à convaincre les membres de son conseil municipal? — C'est chose faite à l'avance, et M. le Maire a l'air tout simplement de venir défoncer une porte ouverte.

Les prétendus partisans du port de Saint-Denis sont parvenus à se faire une majorité décisive dans le sein du conseil municipal, ils sont maîtres de tous les votes qui interviendront sur cette question du port. Ils ont fait voter un million de gratification à celui qui construirait un port dans la rade de Saint-Denis : ils ont fait voter 40,000 francs à l'ingénieur qui viendrait dire que leur port est possible, ils feront encore bien voter huit mille francs pour le voyage de M. Jacob. Pauvre municipalité, et surtout pauvres contribuables. Il n'y a pas à discuter, il faut subir la loi de la majorité. En vain M. Drouhet s'écrie que le voyage de M. Jacob ne peut pas être pris au sérieux, que l'ingénieur communal de Saint-Denis ne pourra rien faire en France relativement à la question du port qui est définitivement tranchée. M. Drouhet est expert dans la matière, il vient de faire lui-même un de ces voyages extraordinaires à propos de la question du port dans la colonie : il sait par expérience ce que pèse l'influence d'un pékin de la colonie quand on le jette dans la balance où se pèsent nos destinées dans la métropole. M. Drouhet a dit e a pu dire d'excellentes choses dans la discussion qui s'est ouverte à propos de la demande de M. Jacob, mais il y avait un parti-pris de ne pas l'écouter et même de l'empêcher de parler. MM. Achille Morau, Renoyald de Lescouble et Cologon semblaient s'être donné le mot pour l'interrompre à chaque instant. Ces trois orateurs municipaux ont réellement lutté d'éloquence pour étouffer la voix qui leur était contraire.

Il faut dire que M. Drouhet a été éreinté dans cette discussion par des personnalités plus ou moins blessantes ; cela n'empêche pas qu'il avait évidemment raison, et s'il a fini par être vaincu dans la lutte, c'est parce que le nombre fait le droit. M. Drouhet se console probablement de l'échec qu'il a éprouvé en se rappelant ce vers de Casimir Delavigne :

Les sots depuis Adam sont en majorité.

Quoiqu'il en soit, après une longue discussion plus ou moins intéressante, il fallut passer aux voix sur la proposition de M. l'ingénieur communal. Cette proposition était, de sa nature, nécessairement indivisible, puisque, comme nous l'avons vu dans la lettre de M. Camille Jacob, celui-ci demandait un congé pour se rendre en France à l'effet de s'occuper de la question du Port avec le mandat officiel de la commune, et qu'il déclarait qu'il n'userait de ce congé que dans le cas où on lui accorderait en même temps le dit mandat officiel : néanmoins la division fut démandée par M. Drouhet et acceptée sans discussion par le conseil.

Voici le résultat du vote, ainsi qu'il est consigné dans le procès-verbal reproduit par le journal le « Moniteur. »

Seize membres sont présents.

M. LE MAIRE. — « 1° Le conseil est-il d'avis d'accorder à M. Jacob un congé de cinq mois son traitement continuant à lui être servi dans son intégralité ? — »

Adopté à l'unanimité.

M. LE MAIRE. — « 2° Je propose d'accorder à M. Jacob, ingénieur communal, le mandat de se présenter en France auprès du ministère et de toutes les personnes intéressées, au nom du conseil municicial de Saint-Denis, et de traiter les questions qui concernent le port de Saint-Denis, étant bien expressément stipulé toutefois que ce mandat ne l'autorise en aucune façon à engager ni la responsabilité ni les finances de notre commune. »

Comme on le voit, c'est un mandat d'une espèce nouvelle, et en vertu duquel le mandataire n'a pas le droit d'engager le mandant. C'est un mandat platonique d'aller causer en France sur la question du port de Saint-Denis.

M. Drouhet demande le vote nominal : il est juste que les électeurs sachent parfaitement quels sont les conseillers patriotes à qui revient l'insigne honneur d'avoir fait accepter la belle proposition dont il s'agit.

Seize membres sont présents :

Ont voté oui.—MM. Bédier, Morau, Cauvin, Gillonet, Lescouble, Crémazy, Buroleau, Azéma, Cologon, de Jouvancourt, Rat, Le Siner.

Ont voté non — MM. Loupy, Ropert, Drouhet, Tandrya.

Ainsi à la majorité de 12 voix contre 4, M. Camille Jacob qui a obtenu à l'unanimité, un congé de 5 mois avec solde entière, est investi du mandat d'aller causer en France, au nom de la commune sur les questions qui intéressent le port de Saint-Denis. Voilà qui est fait, la farce est jouée, le machiniste n'a qu'à faire tomber la toile et tout le monde va se retirer.

Plusieurs membres se lèvent et quittent la salle, pensant que tout est terminé. Ce sont MM. Gabriel Bédier, Azéma et Gillonet. Ils paraît que ceux-ci n'étaient pas dans le secret de la comédie. Les autres restent, et ils ont bien raison, car en vérité c'est le morceau le plus beau qui reste.

En effet, M. le Maire déclare qu'il a encore une proposition à faire, ce sera la dernière, mais non la moins remarquable, « in caudâ venenum », ceci représente les coups de poing de la fin.

« A présent, dit le docteur Sucre D'orge, que le vote est acquis, serait-il convenable de laisser a d'autres le soin de faire les frais du voyage du mandataire de la commune ? Il en appelle à l'appréciation du conseil. »

Bravo, bravo. bravissimo! Voilà un trait merveilleux qui enfonce les plus belles conceptions de Robert Houdin dans le grand art de l'escamotage. On se demandait pourquoi cette invention hybride de partisans imaginaires du port de St-Denis qui vidaient leurs bourses pour payer le voyage de M. Jacob. Pourquoi ?— Mais voici le pourquoi : C'est pour pouvoir dire à la commune dans un moment donné :

« Généreuse commune, tu ne dois pas être cuistre et souffrir que le mandataire de ton choix reçoive d'une main étrangère les frais d'un voyage reconnu utile aux intérêts de la patrie ! généreuse commune, tu dois ouvrir ton flanc pour nourrir ton enfant ! »

Voilà le truc, la chose fut assez bien amenée. En entendant les dernières paroles de M. le Maire, M. le conseiller Drouhet se mit à rire, et il faut avouer vraiment qu'il y avait dans la circonstance, matière à se désopiler la rate.

Mais M. Achille Morau n'admet pas qu'on plaisante sur les choses sérieuses, et il apostrophe vertement M. Drouhet qui se permet de rire. — Il vous appartient bien, dit-il, de critiquer une allocation qu'on voterait en faveur de M. Jacob pour aller plaider la cause du port de Saint-Denis, quand vous êtes encore gras et bouffi de l'argent que vous venez de faire payer aux Saint-Paulois, pour aller défendre le port de la Pointe des Galets, etc.

M. Drouhet rudoyé par cet argument « ad hominem » répond comme il peut, et finit par conclure que l'on discute sur une proposition que M. le Maire a pu faire pressentir, mais qu'il n'a pas faite. — Eh bien ! moi je la fais, s'écrie M. Morau, et voici comment s'exprime l'honorable directeur d'un des établissements de marine de Saint-Denis :

« Considérant qu'il n'est pas digne, comme pense le Maire, de laisser à d'autres les frais du voyage de M. Jacob, je propose de voter huit mille francs à cet effet, le budget n'en devant supporter aucun surcroît de charge, vu qu'il y a un crédit de quarante mille francs ouvert. »

Permettez ! M. Morau, vous faites erreur : il n'y a pas de crédit ouvert pour payer les frais de voyage de M. Jacob. Le conseil a voté 40,000 francs pour faire venir un ingénieur, mais ce n'est pas pour payer un mandataire qui se rendra en France pour déviser sur la question du port, dût-il à son retour nous ramener un ingénieur. Dans tous les cas ces 40,000 francs ont été proposés à M. Lavalley lui-même, s'il lui convient d'étudier la question du port dans la rade de Saint-Denis ; c'est donc à tort, M. Morau que vous dites qu'il y a un crédit sur lequel on peut prendre les frais de voyage de M. Jacob, et c'est aussi à tort que votre collègue et ami, M. De Lescouble, qui ne parait pas plus ferré que vous sur les questions budgétaires, vient nous affirmer qu'il vote les 8,000 francs demandés pour M. Jacob, parce que c'est un moyen d'en économiser 40,000.

L'observation que nous venons de faire est d'autant plus juste que M. Morau en a reconnu lui-même la valeur, en donnant en définitive à sa proposition la forme suivante :

« Je propose de prendre une somme de huit mille francs, sur les 40,000 francs votés pour l'étude du port de Saint-Denis, « ou sur les voies et moyens, etc. » — Et c'est sur les voies et moyens que la somme a été prise pour être remise à M. Jacob, la proposition de M. Morau ayant passé à la majorité de 9 voix contre trois.

Ont voté pour : MM. Morau, Cauvin, De Lescouble, Crémazy, Buroleau, Cologon, De Jouvancourt, Rat, Le Siner.

Ont voté contre : MM. Loupy, Ropert et Drouhet.

Tel est le résultat de la dernière session extraordinaire du conseil de commune de Saint-Denis. M. Jacob est parti pour France, il est chargé officiellement de voir M. Lavalley pour le décider à abandonner le projet de la Pointe des Galets pour faire le port de Saint-Denis. M. Jacob est chargé de faire observer à M. Lavalley qu'il peut gagner un million de gratification et quararante mille francs de frais d'études, s'il consent à se montrer favorable au projet de Saint-Denis. M. Jacob, nous en sommes convaincu, aura le bon goût de s'abstenir de faire à un homme de la valeur de M. Lavalley des ouvertures de cette nature, il sait bien que si un polisson se permettait de lui faire de semblables propositions, à lui M. Jacob, son devoir serait de les recevoir comme elles le méritent. D'ailleurs quel moyen de revenir sur tout ce qui est déjà fait ?

La société du port et du Chemin de fer de la Pointe des Galets est déjà constituée. La garantie de l'Etat est votée par le Parlement. Tous ceux qui ont pris part à cette affaire ne se déjugeront pas. M. Laserve et M. de Mahy ne se déjugeront pas : M. Lavalley ne se déjugera pas ; nous savons aujourd'hui par une réponse qu'il vient de faire à M. Le Siner, et qu'on aurait dû attendre, que tous les documents qui lui ont été fournis par le maire de Saint-Denis n'ont en rien modifié son opinion sur la question du port de la Pointe, et sur la possibilité du port de St-Denis. — D'ailleurs, M. Jacob aura à peine le temps de voir M. Lavalley en France, il arrivera quand l'illustre ingénieur sera en train de boucler ses malles pour venir dans notre Colonie.

Alors que fera donc M. Jacob en France ? I

profitera de son voyage pour renouveler d'anciennes relations qui peuvent lui être utile dans sa carrière, et il se dennera le plaisir de voir l'Exposition dans tous ses détails. Son temps ne sera pas perdu. Mais dans l'intérêt de la Commune il devrait revenir au plutôt, car pendant son absence tous les travaux de la ville sont suspendus, les ateliers ont été licenciée, c'est ainsi qu'on a pourvu aux besoins du service !

En définitive le vote du 21 février dernier a soulevé un cri général d'indignation dans l'opinion publique. Une protestation énergique contre ce vote, se couvre actuellement de signatures Sur qui faut-il faire tomber la responsabilité de tout cela ? — Sur le maire de Saint-Denis ? Non. L'honorable M. Le Siner est de bonne foi et croit soutenir les véritables intérêts de la ville dont l'administration lui est confiée. — Faut-il accuser M. Jacob ? — Encore moins, il peut se passionner pour un projet qu'il a étudié, et auquel il rêve d'attacher son nom. Mais ceux que l'opinion publique doit juger avec sévérité sont les conseillers municipaux, qui ne craignent pas de faire passer leurs intérêts particuliers avant l'intérêt général de la colonie qu'ils ont le mandat de défendre et de protéger, même au détriment de leurs positions personnelles.

www.ingramcontent.com/pod-product-compliance
Lightning Source LLC
Chambersburg PA
CBHW051347050726

47595CB00006B/2440